Piano · Vocal · Guitar

switch
nothing is sound

ISBN 1-4234-0505-6

HAL•LEONARD®
CORPORATION
7777 W. BLUEMOUND RD. P.O. BOX 13819 MILWAUKEE, WI 53213

Visit Hal Leonard Online at
www.halleonard.com

LONELY NATION

Words and Music by JONATHAN FOREMAN
and TIM FOREMAN

STARS

Words and Music by
JONATHAN FOREMAN

Driving Rock

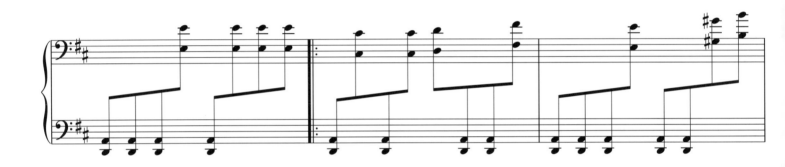

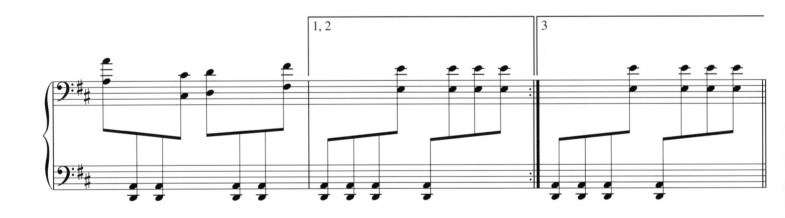

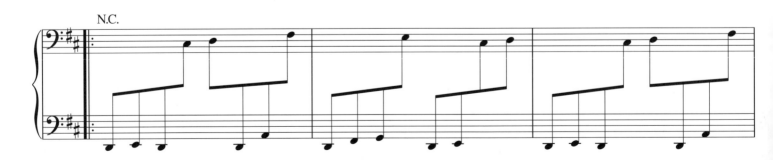

the stars, _____ I see some-one.

HAPPY IS A YUPPIE WORD

Words and Music by
JONATHAN FOREMAN

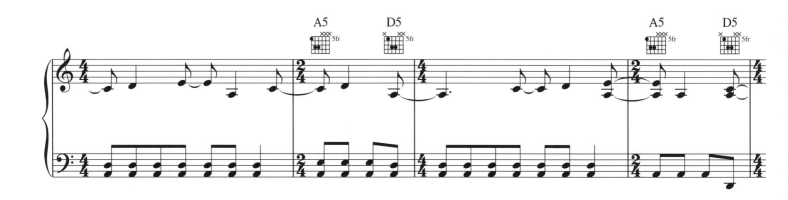

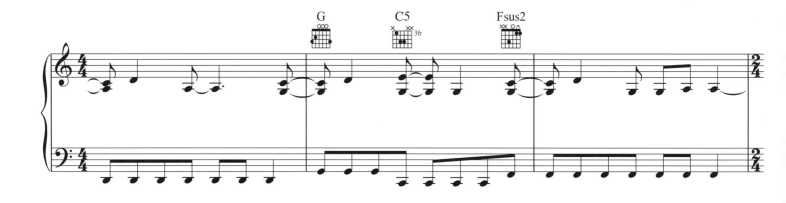

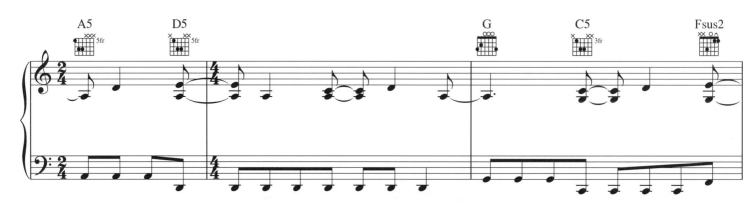

THE SHADOW PROVES
THE SUNSHINE

Words and Music by
JONATHAN FOREMAN

Moderately fast

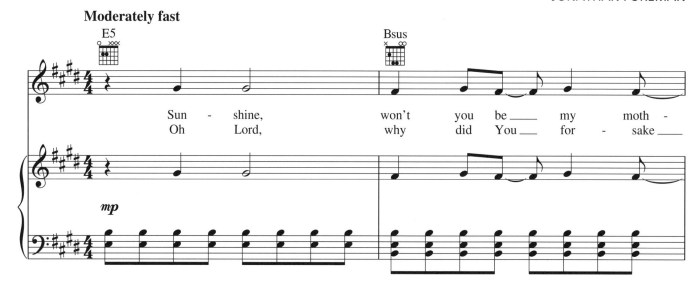

Sun - shine, won't you be ___ my moth -
Oh Lord, why did You ___ for - sake

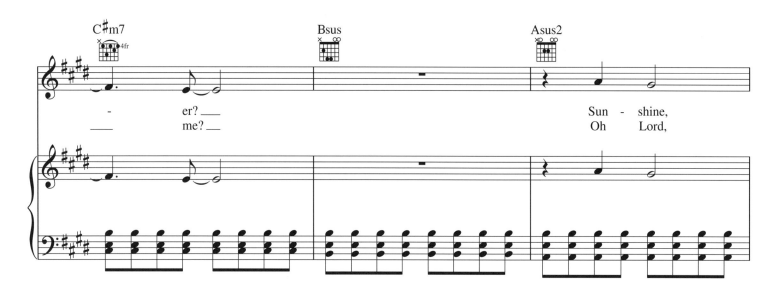

- er? ___
___ me? ___
Sun - shine,
Oh Lord,

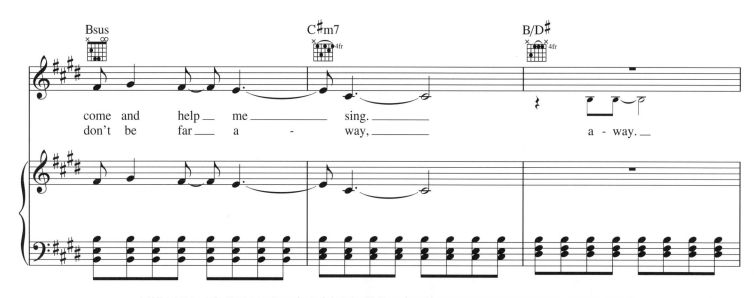

come and help me ___ sing. ___
don't be far ___ a - way, ___ a - way. ___

EASIER THAN LOVE

Words and Music by
JONATHAN FOREMAN

THE BLUES

Words and Music by
JONATHAN FOREMAN

THE SETTING SUN

Words and Music by
JONATHAN FOREMAN

POLITICIANS

Words and Music by
JONATHAN FOREMAN

GOLDEN

Words and Music by
JONATHAN FOREMAN

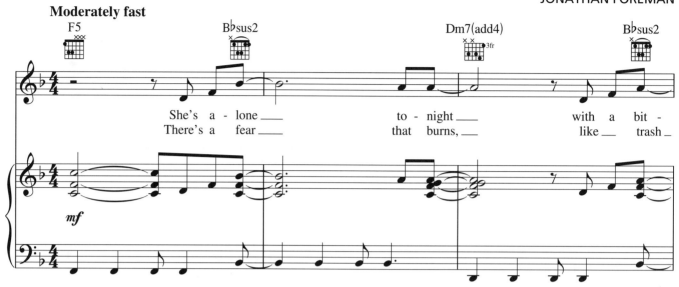

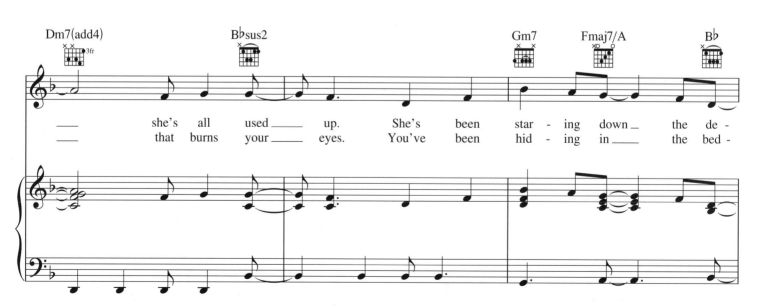

THE FATAL WOUND

Words and Music by
JONATHAN FOREMAN

WE ARE ONE TONIGHT

Words and Music by JONATHAN FOREMAN
and TIM FOREMAN

DAISY

Words and Music by
JONATHAN FOREMAN

Moderately slow

Dai - sy, give your - self __ a - way. __ Look up at __ the rain, __
Pain, give your - self __ a name. __ Call your - self __ Con -

__ the beau - ti - ful __ dis - play of pow - er and __ sur - ren -
tri - tion, Av - a - rice __ or Shame. Giv - ing is - n't eas -

- der, giv - ing us to - day __ when she gives her - self __ a - way. __
- y; nei - ther is the rain, __ and she gives her - self __ a - way. __

Recorded a half step lower.